Écris sur l'ardoise magique.

Dans le jardin

Il y a tant de belles choses dans le jardin ! Observe les mots qui s'y trouvent. Entraîne-toi ensuite à les recopier plusieurs fois sur ton ardoise.

nuage

abeille

lapin

arbre

Qu'y a-t-il d'autre à voir dans le jardin ?

Efface et recommence.

Les mots de la fleur

Dessine cette grande fleur sur ton ardoise magique.
Puis, choisis un mot de la page précédente,
et écris-le au centre.

Pour dessiner une fleur, trace d'abord
un cercle. Ajoute ensuite les pétales autour.

Crée un jardin de mots en écrivant ceux
que tu souhaites dans de nombreuses fleurs !

Ecris
sur l'ardoise
magique.

À la plage

Il y a tant de belles choses à la plage !
Observe les mots qui s'y trouvent. Entraîne-toi
ensuite à les recopier plusieurs fois sur ton ardoise.

coquillage

ballon

crabe

bouée

Qu'y a-t-il d'autre
à voir à la plage ?

Efface
et recommence.

Les mots de la plage

Dessine une ligne ondulée sur ton ardoise pour représenter la mer.

Écris un mot lié à la plage en dessous de la ligne ondulée et un mot lié à la mer au-dessus.

Amuse-toi à ajouter des détails à ton dessin !

Ecris sur l'ardoise magique.

Le coffre à jouets

Le coffre déborde de jouets ! Observe les mots suivants. Entraîne-toi ensuite à les recopier plusieurs fois sur ton ardoise.

ourson

train

poupée

cubes

Efface et recommence.

Dans mon coffre

Trouve le mot qui correspond au dessin ci-dessous. Puis, écris-le sur ton ardoise.

cubes

ourson

poupée

train

Peux-tu recopier ce dessin ?

Ecris
sur l'ardoise
magique.

À table !

C'est l'heure de manger ! Observe les mots suivants. Entraîne-toi ensuite à les recopier plusieurs fois sur ton ardoise.

pizza

jus

gâteau

petits pois

Efface
et recommence.

Des parts mélangées

Des lettres sont cachées dans le dessin.
Mets-les dans l'ordre pour former un mot.
Puis, écris ce mot sur ton ardoise.

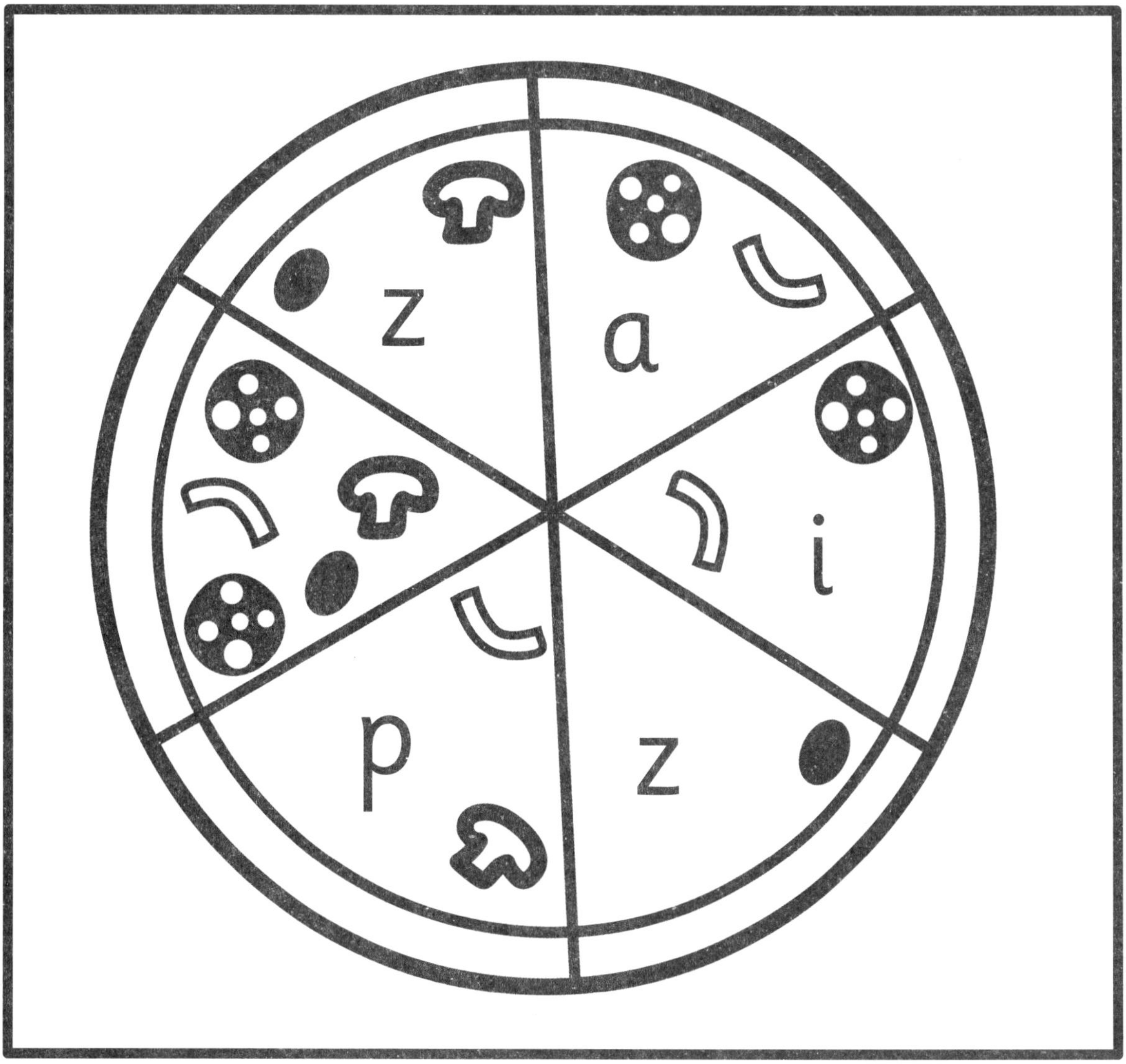

Dessine maintenant ce délicieux repas
sur ton ardoise : trace un cercle,
et ajoute la garniture de ton choix !

Ecris sur l'ardoise magique.

La météo

Il pleut ! Observe les mots suivants. Entraîne-toi ensuite à les recopier plusieurs fois sur ton ardoise.

pluie

soleil

flaque

arc-en-ciel

Efface et recommence.

Le mot mystère

Sur ce dessin, un des mots de la page précédente a disparu. Essaie de le retrouver, puis de l'écrire sans le modèle.

Dessine un immense arc-en-ciel sur ton ardoise. Puis écris le mot « arc-en-ciel » au-dessus, en suivant la courbe.

Ecris sur l'ardoise magique.

Drôles de formes

Ces monstres ont des formes amusantes !
Observe les mots suivants
et recopie-les sur ton ardoise.

cercle

carré

triangle

ovale

Efface et recommence.

La fabrique des monstres !

Te souviens-tu du nom de chaque forme ?
Dessine-les sur ton ardoise,
puis transforme-les en monstres !

Efface ton dessin en appuyant sur le bouton, puis écris les noms des formes. Trace ensuite la forme correspondante autour de chaque mot.

Ecris sur l'ardoise magique.

L'espace

Il y a tant de belles choses dans l'espace !
Observe les mots suivants
et écris-les sur ton ardoise.

étoile

lune

planète

fusée

Efface et recommence.

Cap sur la lune !

Dessine cette belle **fusée** sur ton ardoise !
Ajoute ensuite une **planète** et la **lune**.

Sur la page précédente, quel mot commençant par un « **é** » désigne quelque chose qui brille ?

Dessines-en une ribambelle !

Ecris sur l'ardoise magique.

La famille

Certaines familles sont grandes et d'autres plus petites ! Observe les mots suivants et recopie-les sur ton ardoise.

maman

papa

garçon

fille

Efface et recommence.

Ma famille

C'est le jour de la promenade au parc !
Dessine toute ta famille sur ton ardoise.

Écris ensuite le nom de chacun,
en demandant le modèle à un adulte.

Écris sur l'ardoise magique.

La ferme

Il y a tant de beaux animaux à la ferme !
Observe les mots suivants
et recopie-les sur ton ardoise.

mouton

cochon

vache

chien

Efface et recommence.

Rassemble les moutons !

Oh, non ! Les moutons se sont échappés !
Aide le chien du fermier à les retrouver. Puis, mets les lettres dans l'ordre pour former un mot.

Quel mot as-tu trouvé ? Écris-le sur ton ardoise.
Trace ensuite un nuage doux comme de la laine autour de ce mot !

Ecris sur l'ardoise magique.

Sous l'océan

Il y a tant d'animaux fascinants dans l'océan !
Observe les mots suivants
et recopie-les sur ton ardoise.

poisson

baleine

tortue

poulpe

Efface et recommence.

Plouf, plouf !

Dessine des vagues sur ton ardoise.
Écris ensuite le nom de tes animaux marins préférés.

Trace encore plus de lignes ondulées
autour de tes mots pour dessiner la mer !

Écris sur l'ardoise magique.

En ville

Il y a tant de choses à voir en ville !
Observe les mots suivants et recopie-les sur ton ardoise.

maison

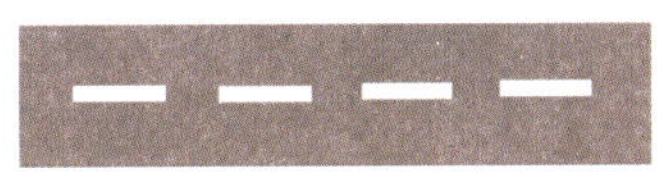

route

magasin

bus

Efface et recommence.

Chez mamie

Mamie habite de l'autre côté de la ville.
Dessine deux maisons, puis trace un long chemin pour les relier.

Quel mot de la page précédente décrit la meilleure façon de se rendre chez Mamie ? Écris-le, puis dessine une ligne ondulée autour !

Écris sur l'ardoise magique.

La garderie

On s'amuse tant à la garderie !
Observe les mots suivants
et recopie-les sur ton ardoise.

livre

crayon

jouets

amis

Efface et recommence.

De nouveaux amis

Dessine l'un de tes amis sur ton ardoise.

Entraîne-toi à écrire le mot « ami ».
C'est un mot magnifique à utiliser encore et encore !
Dessine un cœur et remplis-le de traits
aux couleurs de l'arc-en-ciel.

Écris sur l'ardoise magique.

Les petites bêtes

Arrives-tu à repérer des petites bêtes dans le jardin ? Observe les mots suivants et recopie-les sur ton ardoise.

escargot

ver

mouche

araignée

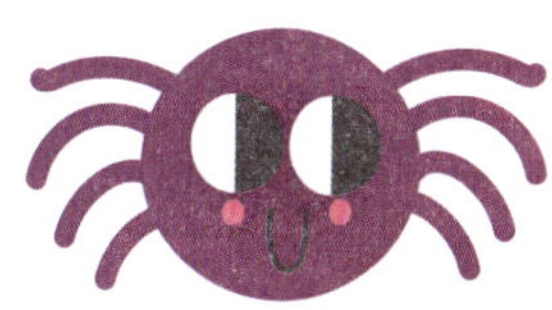

Efface et recommence.

Le défilé des petites bêtes

Essaie de te souvenir du nom de toutes les petites bêtes. Lesquels peux-tu écrire sur ton ardoise sans regarder la page précédente ?

Dessine ensuite plein de petites bêtes !

Ecris sur l'ardoise magique.

Dinosaure

Connais-tu le nom d'un dinosaure vraiment effrayant ? Observe les mots suivants et recopie-les sur ton ardoise.

tyrannosaure

dents

queue

griffes

Efface et recommence.

Grrr !

Dessine un tyrannosaure en t'inspirant du modèle. Écris ensuite les mots de la page précédente à côté de ton dessin.

Boum ! Boum ! Boum ! Appuie sur le bouton pour tout effacer. Écris le nom de ce dinosaure, puis dessine une empreinte de pas sous chaque lettre.

Écris sur l'ardoise magique.

Les animaux de compagnie

Apprends à écrire les noms de quatre animaux de compagnie. Observe les mots, puis recopie-les sur ton ardoise.

chat

chien

poisson

hamster

Efface et recommence.

Qui habite ici ?

Dessine un grand aquarium sur ton ardoise.
À ton avis, qui y vit ? Écris le nom de cet animal autant de fois que tu le peux pour remplir le bocal !

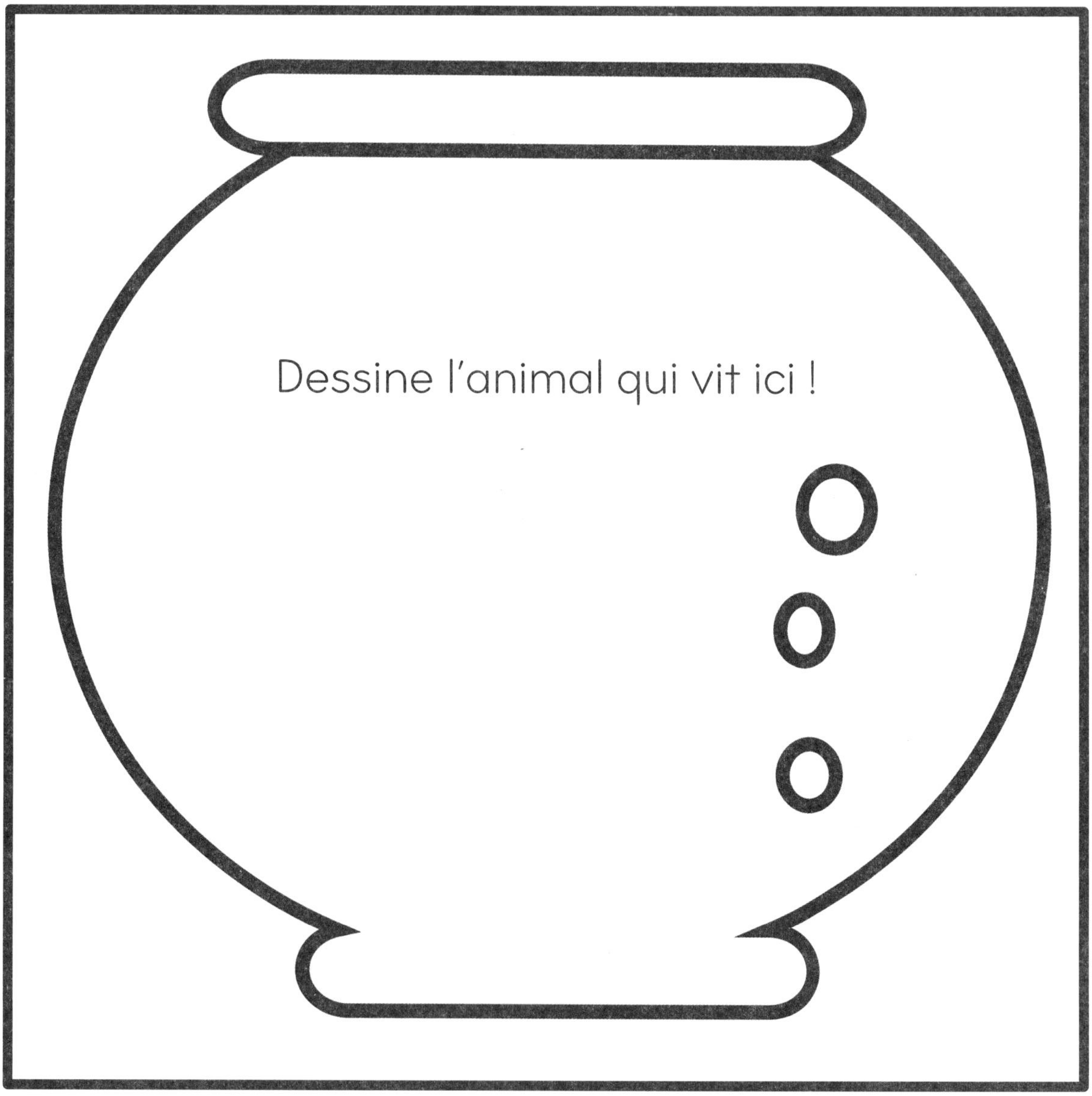

Quel est ton animal de compagnie préféré ?
Écris son nom sur ton ardoise.

Écris sur l'ardoise magique.

On s'habille !

Quels vêtements enfiles-tu le matin ?
Observe les mots ci-dessous
et recopie-les sur ton ardoise.

chaussettes

chapeau

robe

chaussures

Efface et recommence.

Quel méli-mélo !

Tous ces mots sont écrits à l'envers !

Remets les lettres dans le bon ordre sur ton ardoise.

settessuahc uaepahc serussuahc ebor

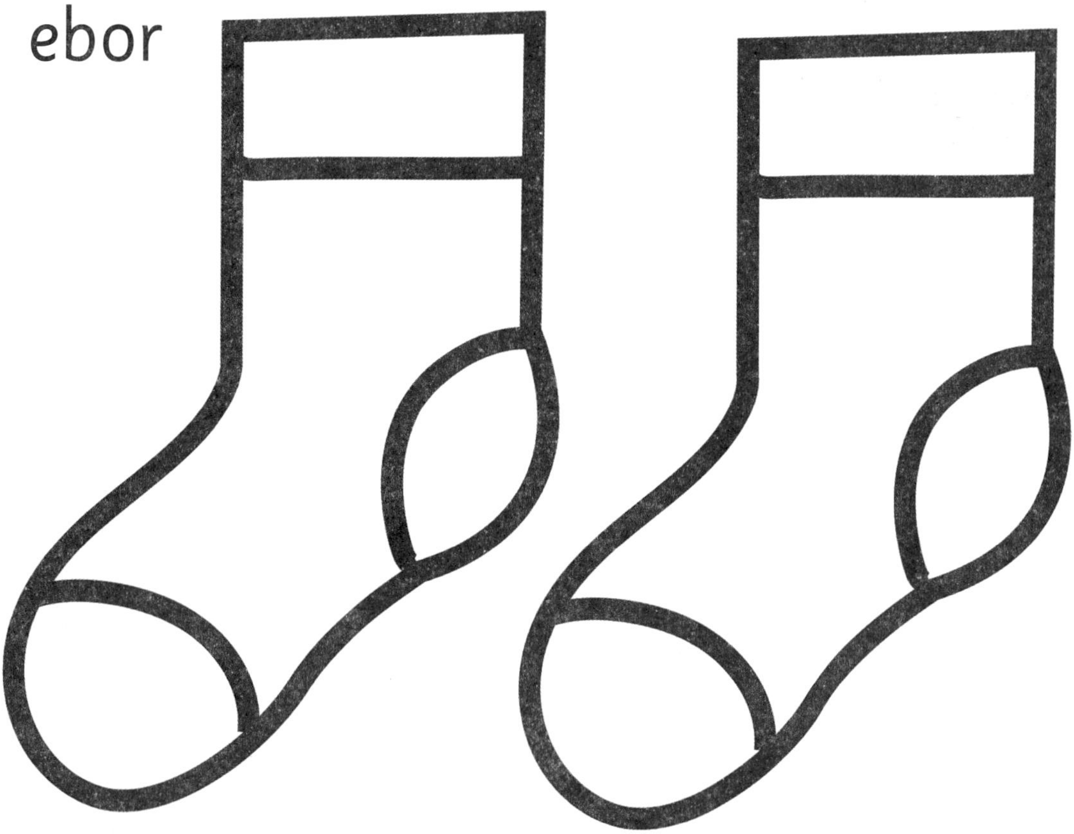

As-tu réussi ? Bravo ! Dessine ces chaussettes sur ton ardoise et décore-les avec de jolis motifs !

Écris
sur l'ardoise
magique.

À la maison

Il y a beaucoup de choses intéressantes à la maison ! Observe les mots suivants et recopie-les sur ton ardoise.

baignoire

canapé

table

four

Efface
et recommence.

Livraison express !

Un camion de livraison apporte des objets.
Dessine la maison sur ton ardoise et écris le nom d'un objet dans chaque pièce.

Et si tu décorais ta maison ? Veux-tu ajouter une cheminée ? Et pourquoi pas un jardin ?

Écris sur l'ardoise magique.

La chambre

Aimes-tu jouer dans ta chambre ?
Observe les mots suivants
et recopie-les sur ton ardoise.

lit

lampe

tapis

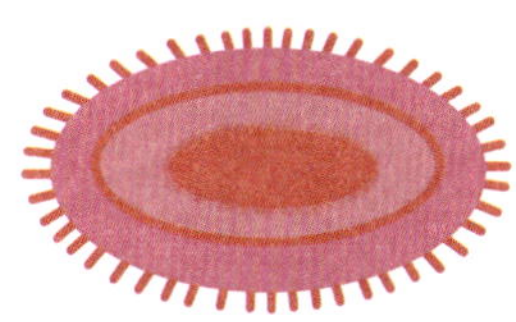

coffre

Efface et recommence.

Range ta chambre !

Oh là là, quel désordre ! Peux-tu ranger les mots en les écrivant sur ton ardoise ?

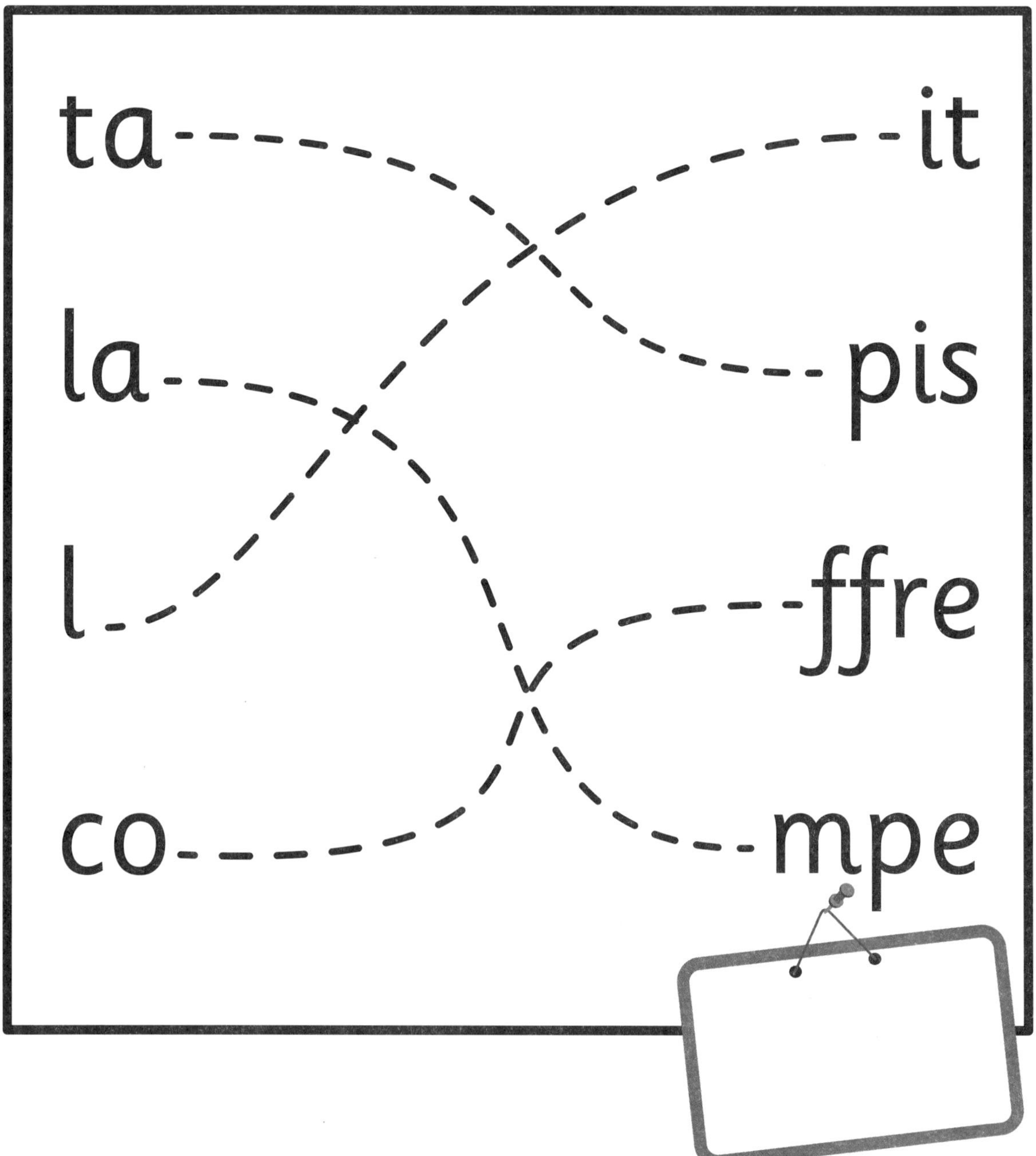

Écris ton prénom et dessine un écriteau de porte autour. Et si tu le recopiais sur du papier pour le coller sur la porte de ta chambre ?

Ecris
sur l'ardoise
magique.

Le visage

Peux-tu nommer toutes les parties d'un visage ? Observe les mots suivants et recopie-les sur ton ardoise.

œil

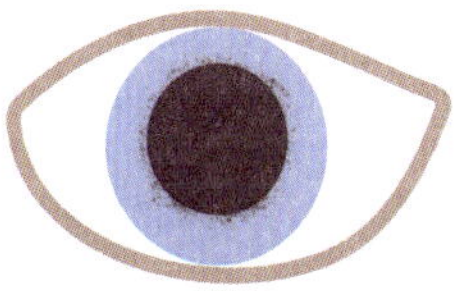

oreille

nez

bouche

Efface
et recommence.

Des têtes amusantes

Essaie d'écrire tous les mots de la page précédente sans les regarder. Pas de triche !

Chaque visage est différent.

Amuse-toi à en dessiner un sur ton ardoise en fermant les yeux !

Ecris sur l'ardoise magique.

De vrais héros

Voilà des personnes qui nous aident au quotidien ! Observe les mots suivants et recopie-les sur ton ardoise.

vétérinaire

docteur

maîtresse

infirmière

Efface et recommence.

Un petit blessé

Ce pauvre chaton s'est fait mal à la patte.
Dessine-le sur ton ardoise
sans oublier son bandage !

Merci ! Qui soigne les animaux malades ?
Écris son nom et entoure-le d'un cœur.

Ecris sur l'ardoise magique.

La jungle

Apprends à écrire les noms de quatre animaux de la jungle. Observe les mots suivants et recopie-les sur ton ardoise.

tigre 

serpent 

singe 

perroquet 

Efface et recommence.

Quel farceur !

Ce singe a chipé des mots incomplets !
Peux-tu finir de les écrire sur ton ardoise ?

Appuie sur le bouton magique et dessine un singe malicieux. Puis, donne-lui beaucoup de bananes pour l'empêcher de faire des farces !

Écris sur l'ardoise magique.

Au parc

Il y a tant de belles choses au parc !
Observe les mots ci-dessous
et recopie-les sur ton ardoise.

balançoire

toboggan

cerf-volant

basket

Efface et recommence.

Attrape le cerf-volant !

Oh, non ! Papa a lâché le cerf-volant,
qui s'est élevé dans le ciel. Pour le rattraper,
dessine-le sur ton ardoise !

Écris ensuite les mots
de la page précédente sur ton écran
et entoure chacun d'un gros nuage.

Écris sur l'ardoise magique.

La mare

Voici les animaux que tu peux rencontrer dans une mare ou un étang. Observe les mots ci-dessous et recopie-les sur ton ardoise.

grenouille

canard

cygne

têtard

Efface et recommence.

Boing ! Boing !

Écris le mot « mare » sur ton ardoise en espaçant les lettres. Puis, fais comme si ton stylet était une grenouille qui sautait sur chaque lettre. Combien de lettres comptes-tu ?

Appuie sur le bouton magique et recommence. Fais la même chose pour chaque mot de la page précédente. Ont-ils tous le même nombre de lettres ?

Écris sur l'ardoise magique.

Les émotions

Quelles émotions connais-tu ? Observe les mots ci-dessous et recopie-les sur ton ardoise.

content

triste

énervé

endormi

Efface et recommence.

Comment te sens-tu ?

Dessine ton visage sur ton ardoise.
Exprime tes émotions en choisissant une des expressions ci-dessous.

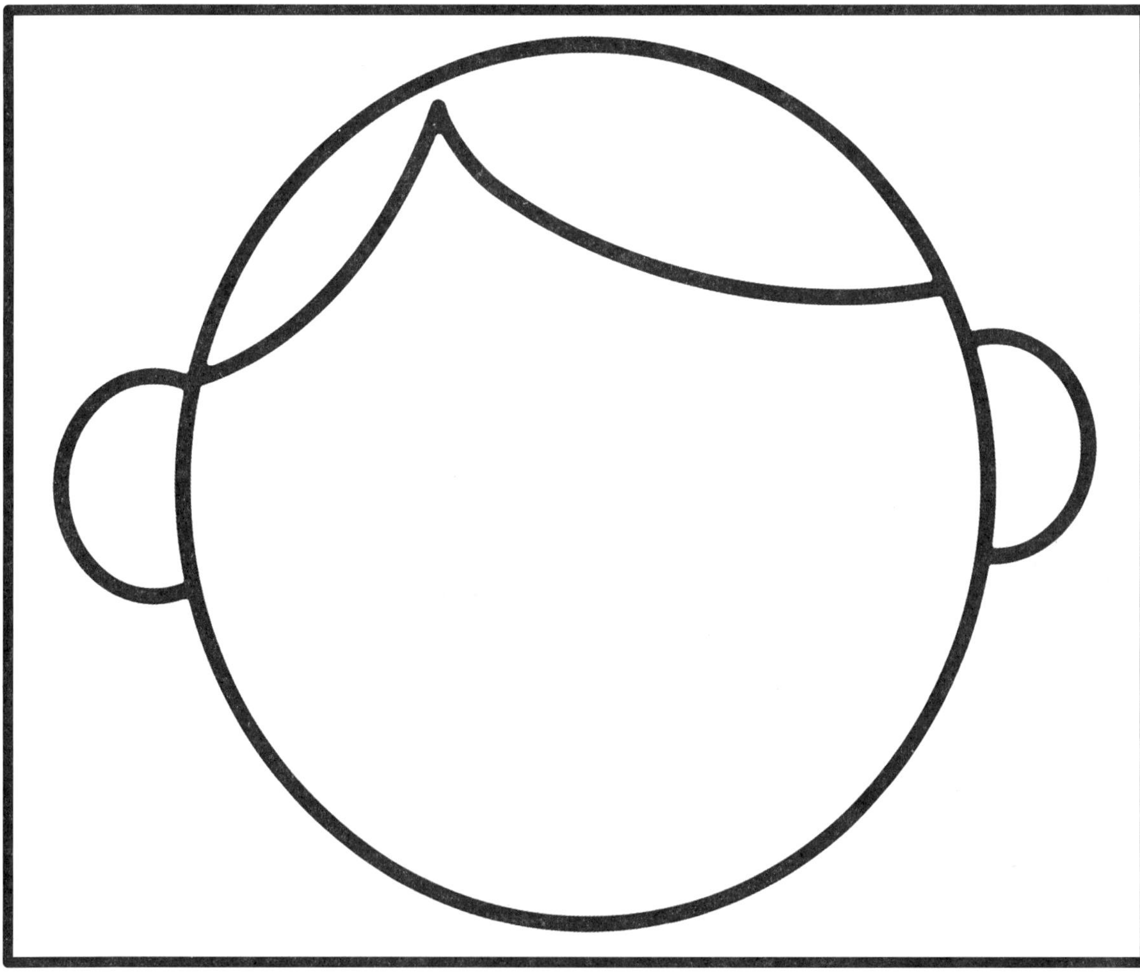

Appuie sur le bouton magique et recommence.
Quel mot décrit le mieux l'émotion que tu ressens ?
Écris-le sur l'ardoise.

Dessine ensuite une ribambelle de cœurs autour de ce mot.